Just Because I Am
Solo porque soy yo

A Child's Book of Affirmation
Un libro de afirmaciones para niños

Lauren Murphy Payne • ilustrado por Melissa Iwai

free spirit
PUBLISHING®

Library of Congress Cataloging-in-Publication Data
Names: Payne, Lauren Murphy, 1956– author. | Iwai, Melissa, illustrator.
Title: Just because I am / solo porque soy yo : a child's book of affirmation / un libro de afirmaciones para niños / Lauren Murphy Payne ; illustrated by Melissa Iwai.
Other titles: Solo porque soy yo
Description: Bilingual Edition. | Minneapolis : Free Spirit Publishing, 2018. | Previously published in English: Minneapolis, MN : Free Spirit Publishing, [2015] | In English and Spanish. | Audience: Age: 3–8. | Identifiers: LCCN 2018000162 (print) | LCCN 2018019803 (ebook) | ISBN 9781631983368 (Web PDF) | ISBN 9781631983375 (ePub) | ISBN 9781631983351 (paperback) | ISBN 1631983350 (paperback)
Subjects: LCSH: Self-perception—Juvenile literature. | Self-acceptance—Juvenile literature. | Affirmations—Juvenile literature. | Self-talk in children. | BISAC: JUVENILE NONFICTION / Social Issues / Self-Esteem & Self-Reliance. | JUVENILE NONFICTION / Social Issues / Emotions & Feelings.
Classification: LCC BF697.5.S43 (ebook) | LCC BF697.5.S43 P38 2018 (print) | DDC 155.2—dc23
LC record available at https://lccn.loc.gov/2018000162

Free Spirit Publishing does not have control over or assume responsibility for author or third-party websites and their content.

Reading Level Grade 1; Interest Level Ages 4–8;
Fountas & Pinnell Guided Reading Level J

Cover and interior design by Colleen Rollins
Translation by Edgar Rojas, EDITARO
Translation edited by Dora O'Malley

10 9 8 7 6 5 4 3 2 1
Printed in China
R18860518

Free Spirit Publishing Inc.
6325 Sandburg Road, Suite 100
Minneapolis, MN 55427-3674
(612) 338-2068
help4kids@freespirit.com
www.freespirit.com

FSC
www.fsc.org
MIX
Paper from
responsible sources
FSC® C101537

Free Spirit offers competitive pricing.
Contact edsales@freespirit.com for pricing information on multiple quantity purchases.

To Aaron and Adam;
for Karen and the lost children; for
Scott, who always believes in me; and for
my parents, Gloria and Frederick Murphy,
without whom I would not be who I am.

Para Aarón y Adam, para Karen y
los niños abandonados, para Scott quien
siempre ha creído en mí, y para mis padres
Gloria y Frederick Murphy porque sin
ellos no sería la persona que soy.

I am a person.

I am special.

I am important.

Not because of what I look like,
not because of what I have . . .

Soy una persona.

Soy especial.

Soy importante.

No por mi apariencia,
no por lo que tengo . . .

Just because I am.
Solo porque soy yo.

This is my body.

It is special.

It is one of a kind.

It is growing and changing.

I want to take care of my body . . .

Este es mi cuerpo.

Mi cuerpo es especial.

No hay otro igual.

Está creciendo y cambiando.

Quiero cuidar mi cuerpo . . .

Because it's mine.
Porque es mío.

My body talks to me.

It tells me when I'm hungry.
It tells me when I'm sleepy.
It tells me when I'm sick.

Mi cuerpo me habla.

Me dice cuando tengo hambre.
Me dice cuando tengo sueño.
Me dice cuando estoy enfermo.

I can trust my body to tell me what I need.
Puedo confiar en mi cuerpo cuando
me dice qué es lo que necesito.

Sometimes I have strong feelings.

I feel anger.
I feel sadness.
I feel fear.
I feel love.

A veces tengo sentimientos muy intensos.

Siento rabia.
Siento tristeza.
Siento miedo.
Siento que me quieren.

These feelings belong to me.
Estos sentimientos son míos.

When I feel angry, sometimes I yell.
Sometimes I cry.

Sometimes I talk to someone I love . . .

A veces grito cuando tengo rabia.
A veces lloro.

A veces hablo con alguien a quien quiero . . .

And then I feel better.
Y luego me siento mucho mejor.

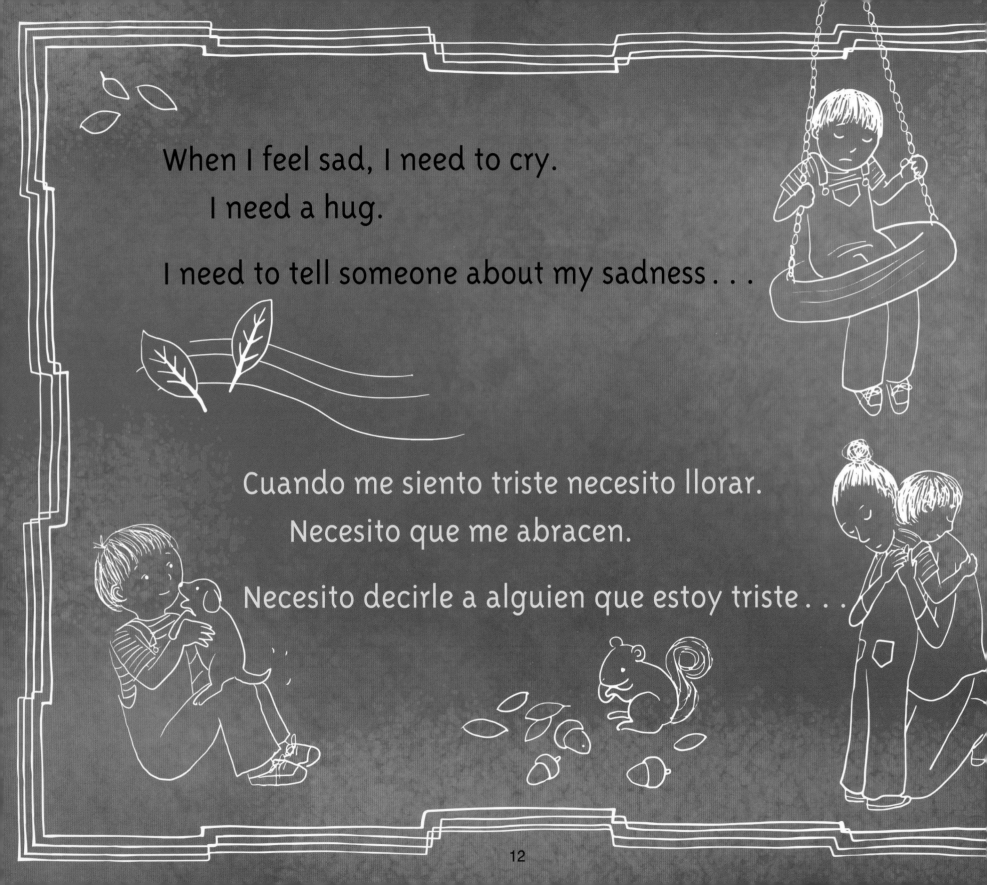

When I feel sad, I need to cry.
I need a hug.

I need to tell someone about my sadness . . .

Cuando me siento triste necesito llorar.
Necesito que me abracen.

Necesito decirle a alguien que estoy triste . . . .

So I know it's okay to be sad.
Entonces sé que no hay nada
malo en sentirse triste.

13

When I feel scared—
scared of the dark,
scared of people and things I don't know—

I need to feel protected
by someone I trust.

Cuando siento miedo—
miedo a la oscuridad,
miedo de la gente y de las cosas que no conozco—

necesito sentirme protegido
por alguien en quien confío.

I need to feel safe.
Necesito sentirme protegido.

When I feel love,
I feel warm and snuggly.
I feel happy and safe.

I feel important and special.

Cuando siento que me quieren,
me siento cómodo y agradable.
Me siento felíz y protegido.

Me siento importante y especial.

I can love myself.
Me puedo querer a
mí mismo.

I am learning and growing every day.

I learn by looking.
I learn by listening.
I learn by doing.

Sometimes I make mistakes.

Estoy aprendiendo y creciendo todos los días.

Aprendo mirando.
Aprendo escuchando.
Aprendo haciendo cosas.

A veces cometo errores.

That's part of learning, too.
Eso también es parte de aprender.

I can make decisions.

Sometimes I say "Yes."

I say yes to playing and dancing.
I say yes to laughing and singing.
I say yes to hugging and touching . . .

Puedo tomar decisiones.

A veces digo "Sí".

Digo sí a los juegos y al baile.
Digo sí a las risas y a los cantos.
Digo sí a los abrazos y a las caricias . . .

When it feels right to me.
Cuando siento que me gusta.

Sometimes I say "No."

I say no to danger.

I say no to hugging or touching
   that feels wrong to me.

I say no to strangers and things that hurt me . . .

A veces digo "No".

Digo no a las cosas peligrosas.

Digo no cuando no me agrada que
   me abracen o me toquen.

Digo no a las personas extrañas
   y a las cosas que me hieren . . .

I can decide.
It's up to me.
Puedo decidir.
Depende de mí.

I have needs.

It's important to let people know what I need.
I can ask for help when I need it.
I can ask someone who cares about me to help . . .

Yo necesito cosas.

Es importante decirles a las personas qué es lo que necesito.
Puedo pedir ayuda cuando la necesite.
Puedo pedir ayuda a alguien que me quiere . . .

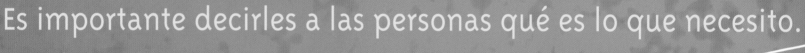

And then I know I'm not alone.
Y así yo sé que no estoy solo.

I am myself. I am special and unique.

My body is a part of me.

My feelings are a part of me.

My thoughts are a part of me.

My needs are a part of me.

All of these things make up a special person . . .

Yo soy una sola persona. Yo soy especial y único.

Mi cuerpo es parte de mí.

Mis sentimientos son parte de mí.

Mis pensamientos son parte de mí.

Mis necesidades son parte de mí.

Todas estas cosas son parte de una persona especial . . .

Me.
Yo.

A Note to Caring Adults

Nothing is as important to a child's well-being and success as strong self-esteem. Positive self-esteem increases a child's ability to be happy, healthy, and well-adjusted. Many social and psychological problems can be traced to a lack of self-esteem. And children's feelings about themselves affect the choices they make and help shape their plans, hopes, and dreams for the future.

Just Because I Am: A Child's Book of Affirmation can be read and enjoyed with young children in many settings from preschool, school, and childcare to home, religious school, or a counseling group. The book is based on the beliefs that:

- All children are inherently valuable without regard to gender, race, religion, family background, economic status, appearance, abilities, health, possessions, or any other factor.

- All children have the right to feel good about themselves exactly as they are.

- A child's *value* is unconditional. Nothing the child does, says, or chooses can change it.

- Children can learn to accept and value their own bodies and learn to recognize what they need.

- Children need to know that having needs is part of being human and that their needs are acceptable and will be met appropriately.

- Children need to be taught that all of their feelings are acceptable, and that feelings are also "signals" that communicate important information.

- Children need to live in an environment free from danger and fear, whether real or imagined. The need for physical and psychological safety is the most important of the basic human needs.

- Children need to have a sense of power over some of the things that affect them directly and to be able to make some decisions. When we let children make decisions, we are showing them that we trust them and their abilities and in this way we let them know that they can trust themselves.

The activities and discussion starters that follow will help you build on these beliefs in a way that's fun for everyone and that makes the book's concepts come alive for children. Use the activities to encourage children to consider how they feel about themselves and to explore their individual ideas and values. The activities are designed to be flexible, so feel free to adapt them. You know your group best, so do whatever works for them. These suggestions may spark your own ideas and may serve as jumping-off points for wonderful and creative learning experiences that you invent with the children in your group. And remember to enjoy yourself! If you have fun with this book and these activities, children will have fun, too. I hope that you enjoy using *Just Because I Am* to help young children understand and appreciate how special and unique they are.

Lauren Murphy Payne, MSW, LCSW

Activities and Discussion Starters

What I Like About Me

Ask children to identify five things that they like about themselves. Say several things that you like about each child, and invite other children to add their own positive comments. Encourage children to focus on traits that are not about appearance. For example, "Carlos is good at sharing toys," or, "Alexandra draws really well."

"My Body Is Mine"

Explore children's beliefs and attitudes toward their bodies. Ask questions like:

◎ What things does your body like to do?

◎ What are things that your body does well?

◎ What things are hard for your body to do?

◎ When does your body feel healthy and happy?

◎ What things can you do to treat your body well and take good care of it?

◎ What does your body tell you? What can you learn by listening to your body?

Have children complete the sentence: "I like the way my body feels when _____."

Learning and Talking About Feelings

Talk with children about the wide range of feelings they might experience—even within a single day. Ask questions like:

◎ What are some of the strong feelings that you have?

◎ Where do you feel your feelings in your body?

◎ Who can you talk with about your strong feelings?

◎ How can you tell the difference between your feelings? For example, does anger feel the same as fear? How do they feel similar? How do they feel different?

◎ What are some words you can use to name your feelings?

Reinforce children's right to have and feel their feelings. Acknowledge and validate their ideas, problems, fears, and concerns.

Teaching About Body Safety and Secrets

When teaching children about their bodies and feelings, it's important to talk with them about keeping their bodies safe. It's also important to discuss secrets. Children need to know the difference between a surprise (such as a birthday party) and a secret that feels bad (such as a touch that makes a child feel uncomfortable). Let children know that they *never* have to keep secrets (especially those that feel bad to them), and that there is nothing that they can't talk about with a trusted adult—even if someone else (including another adult) has told them they will get in trouble or that something really bad will happen if they tell.

If a child does disclose something to you, or if you suspect that a child is being abused, follow the established protocols of your school and district immediately if you are working in a school. You can also contact your local social service department or child welfare department, or obtain information about what to do and how to report child abuse from your local police department or district attorney's office. *Never* attempt to interview a child yourself. Instead, leave that to professionals who have been specially trained to deal with this sensitive issue.

Living Statues

Begin by asking children to think of times when they felt nervous, scared, or worried. Invite them to share some of their experiences if they feel comfortable doing so. Next, ask them to pretend that they are statues and to pose in ways that show how they feel when they are afraid or anxious. While children are posing, ask them questions such as:

◎ When does your statue feel scared or nervous?

◎ How does your statue show that it feels afraid?

◎ Where in its body does your statue feel scared or worried feelings?

◎ What might help your statue feel better?

After everyone has had a chance to pose and to talk about what they feel, ask children to change their statues into poses that feel brave and powerful. Ask follow-up questions about this different stance and feeling. For example:

◎ How do you feel when you stand in this pose?

◎ What are ways your body can help you feel strong and confident?

◎ When do you feel brave? What are some ways you can be brave even when you feel nervous about a situation?

. . . .

Asking for Help

Emphasize to children that asking for help when they need it is a good choice, and grown-ups can help them cope with challenging situations and feelings. Invite children to think about adults they could ask for help, such as teachers, parents, grandparents, other family members, or counselors (at school or elsewhere).

. . . .

Who Can Help?

After talking with children about asking for help when they need it, build on this idea through role playing. Present children with examples of problems people might have that they need help with, and invite them to add their own ideas. Examples could include:

◎ Geoffrey is having trouble putting together a puzzle.

◎ Mei Lin and her friend can't agree on who gets to play with the building blocks first.

◎ Wallace wants to look at one of his favorite books, but it's on a shelf too high for him to reach.

◎ Maria has a stomachache.

Next, invite children to brainstorm and act out ways to ask for help in these scenarios. Talk about how they can practice asking for help and use these ideas if and when similar situations arise in their own lives. If desired, rather than using direct role play, children can use dolls, puppets, or action figures to act out scenes.

Listening to Your Body and Your Feelings

Give each child a blank copy of a body outline, or have each child lie down on a large piece of paper so that you can trace his or her outline. Tell children that they can draw pictures on their body outlines to show where they feel their feelings in their bodies. Ask them to use different colors to identify different feelings (such as sadness, anger, happiness, love, or fear). If they like, children can draw images that represent their feelings, or they can simply create colored areas, scribbles, or patterns.

Ask questions like:

⊚ When you feel angry, where do you feel it in your body?

⊚ What happens in your body when you feel sad?

⊚ What color shows how your stomach feels when you are worried?

Learning from Mistakes

It's helpful for children to know and understand that learning takes many forms, and learning doesn't happen only in school. We all can learn every day, during each moment of our lives. Talk with children about the learning that can come from "making mistakes." Help them recognize that everyone makes mistakes—no matter who they are, how old they are, or how smart they are. Talk with children about the fact that some of the most important learning we do comes from the mistakes we make. Invite them to tell about some of the mistakes they have made. Ask questions like:

⊚ How did you feel when that happened?

⊚ What did you learn from that?

⊚ What could you do differently next time?

Be sure to stress the positive nature of the learning experience rather than focus on the mistake itself. Affirm the value of this learning by saying things like:

⊚ You really learned a lot from that.

⊚ It's a really good thing that you learned that!

⊚ That's an important thing to learn.

Talking About Love

Help children identify some of the things that help them feel loved. Ask questions like:

⊚ What does love feel like to you?

⊚ How do you know when you are loved?

⊚ Do you love yourself? How do you know?

⊚ What do you do to show that you love yourself?

⊚ How do you show love for others?

Invite children to share examples of loving things from their lives.

Lists About Feelings and Taking Care of Yourself

Use the following lists as starting points for conversations about feelings, self-esteem, and how children can take good care of themselves and their needs. Read each list aloud to children. You may also display images to represent list items and help young children understand them. You'll find suggestions for additional activities following each list.

15 Ways to Say No

- "NO."
- "Stop it."
- "I don't like that."
- "I feel uncomfortable."
- "No, thank you."
- "I don't want to play like that."
- "That hurts my feelings."
- "I don't want to."
- "No way!"
- "I mean it."
- "I feel angry about that."
- "That's not my style!"
- "I'm going to do something else right now."
- "I really don't want to do that."
- "That doesn't feel good."

Give children examples of situations where they might need to use these statements or others like them. Help children identify words they could say that would fit each situation. For example:

- Abby and Juanita are playing with a ball. Abby takes the ball and starts throwing it at Juanita. How can Juanita respond?
- If Josef and Lucinda are drawing together and Lucinda tells Josef that his ideas are dumb, how can Josef reply?
- Jessica is trying to convince Antoine to do something dangerous. What can Antoine say to Jessica?

- Caleb and Peter are playing together on the playground. Caleb sees a child they don't know and tells Peter they should go tease her. What can Peter say?

10 Ways to Say Yes

- "Yes, please."
- "That sounds fun!"
- "I'd like that."
- "Okay!"
- "I'm happy about that."
- "That's a great idea."
- "Yeah, thanks!"
- "Awesome!"
- With a smile and a nod.
- With a thumbs-up.

Talk with children about times when they might say *yes* and could use statements from the list. Invite children to explain when and why they might say *yes*. What are situations where they might not be sure whether to say *yes* or *no*? How can they decide what feels right?

As an extension to the conversation, provide children with a variety of photos and illustrations from magazines or other sources.

(Older children may choose and cut out pictures themselves.) Explain that children can pick out pictures showing things they like—things they would say *yes* to. Give each child paper and glue and help them make collages from their pictures. Children can also draw their own pictures on their collages. If you prefer, this can be a group activity, with everyone contributing to one large collage.

15 Ways to Take Care of Yourself

- Rest when you're tired.
- Cry when you feel sad.
- Learn when to say NO.
- Be honest about your feelings and what you need.
- Ask for help when you need it.
- Eat healthful food.
- Exercise. Move your body around!
- Talk about how you're feeling with someone you love.
- Play with friends, or make a new friend.
- Spend time outdoors.
- Color, paint a picture, sing a song, or do a dance.
- Celebrate being you! Say nice things to yourself.
- Do something nice for someone else.
- Learn about something new.
- Play make-believe.

Talk with children about ways they take care of themselves. Give them paper and crayons or colored pencils and ask them to draw pictures of themselves doing something to take care of themselves. Ask them to share their pictures with the group and talk about what they drew and why.

15 Healthy Ways to Deal with Sadness

- Cry.
- Talk about your sadness with someone you trust.
- If there is something you need, ask for it.
- Wrap yourself in a blanket.
- Listen to music.
- Draw a picture.
- Watch a funny show or movie.
- Look at your favorite book.
- Play with your friends.
- Remember that it's okay to feel sad sometimes.
- Find some quiet time.
- Take a deep breath.
- Take a walk.
- Get a hug.
- Pet an animal.

Talk with children about times when they feel sad. Let them choose solutions from the list (or suggest other ideas) and discuss with them how those ideas would help them with their sadness. Ask children to think in detail about these ideas. For example, "What is a funny show or movie that always makes you laugh?" or "Who are some friends you could play with when you are sad? How could they help you feel better?" or "Who would you like to get a hug from when you are feeling sad?"

Consejos para los adultos que cuidan a los niños

Nada es más importante para el bienestar y éxito de un niño que su autoestima. La autoestima positiva incrementa la habilidad del niño para ser feliz, permanecer saludable y lograr su equilibrio emocional. El origen de muchos de los problemas sociales y psicológicos puede ser atribuido a la falta de autoestima. La manera como los niños se sienten a sí mismos afecta las decisiones que toman y los ayuda a formar sus planes, esperanzas y sueños para el futuro.

Solo porque soy yo: un libro de afirmaciones para niños, puede ser leído y disfrutado con los niños en diferentes entornos como el nivel preescolar, en las escuelas, guarderías, en los hogares, escuelas religiosas o en grupos de consejería. El libro está basado a partir de estas creencias:

- Todos los niños son valiosos por naturaleza sin importar su sexo, raza, religión, origen familiar, estatus económico, apariencia, habilidades, salud, propiedades o cualquier otro factor.

- Todos los niños tienen el derecho de sentirse bien consigo mismo exactamente tal como son.

- El *valor* de un niño es incondicional. Nada que haga, diga o decida un niño lo puede cambiar.

- Los niños pueden aprender a aceptar y valorar sus propios cuerpos y también aprender a reconocer lo que necesitan.

- Los niños necesitan saber que tener necesidades es parte de ser seres humanos y que esas necesidades son aceptables y serán satisfechas de la manera apropiada.

- A los niños se les debe enseñar que todos sus sentimientos son aceptables y a su vez son "señales" que comunican información importante.

- Los niños necesitan vivir en un ambiente sin peligro y sin miedo ya sea real o imaginario. La necesidad básica más importante de los seres humanos es la seguridad psicológica y física.

- Los niños necesitan tener una sensación de control sobre algunas de las cosas que los afectan directamente y también tener la capacidad de tomar ciertas decisiones. Cuando permitimos que los niños tomen decisiones les estamos demostrando que confiamos en ellos y en sus habilidades y de esta manera les estamos indicando que ellos pueden confiar en sí mismos.

Las siguientes actividades y discusiones ayudan a fortalecer estas creencias de manera divertida para todos y al mismo tiempo harán que los conceptos del libro cobren vida para los niños. Ponga en práctica las actividades para incentivar a los pequeños a que piensen cómo se sienten acerca de ellos mismos y a explorar sus propios valores e ideas. Los ejercicios están diseñados para que sean flexibles y usted podrá adaptarlos libremente. Nadie conoce mejor su grupo que usted mismo y por lo tanto haga lo que sea necesario para que esas actividades tengan sentido para los niños. Las sugerencias presentadas podrían incentivarlo a crear sus propias ideas y a su vez ser el comienzo de una maravillosa experiencia de aprendizaje que irá inventando en compañía de los niños en su grupo. Ante todo, ¡diviértase! Si usted disfruta del libro y de las actividades presentadas, los niños también lo harán. Espero que disfrute al poner en práctica *Solo porque soy yo* para ayudar a los niños a entender y apreciar lo especiales y únicos que son.

Lauren Murphy Payne, MSW, LCSW

Actividades y conversaciones iniciales

Lo que me gusta de mí

Pida los niños que identifiquen cinco cosas que les gustan sobre ellos mismos. Diga varias cosas que a usted le gusta de cada niño y pida a los otros niños que digan cosas positivas también. Anímelos a que se centren en los rasgos que no estén relacionados con la apariencia física. Por ejemplo, "Carlos es bueno para compartir los juguetes", o "Alexandra dibuja muy bonito".

"Mi cuerpo es mío"

Explore las actitudes y creeencias de los niños con respecto a sus cuerpos. Pregunte cosas como:

- ¿Qué cosas le gustan hacer a tu cuerpo?
- ¿Qué cosas hace bien tu cuerpo?
- ¿Qué cosas le resultan difíciles de hacer a tu cuerpo?
- ¿Cuándo se siente feliz y saludable tu cuerpo?
- ¿Qué cosas puedes hacer para tratar y cuidar bien a tu cuerpo?
- ¿Qué te dice tu cuerpo? ¿Qué puedes aprender cuando escuchas a tu propio cuerpo?

Pída a los niños que completen esta frase: "Me gusta como se siente mi cuerpo cuando _____".

Aprender y hablar sobre los sentimientos

Hable con los niños sobre la gran variedad de sentimientos que ellos podrían experimentar (a veces en un solo día). Pregunte cosas como:

- ¿Cuáles son algunos de los sentimientos más intensos que sientes?
- ¿En qué parte de tu cuerpo sientes esos sentimientos?
- ¿Con quién puedes hablar sobre esos sentimientos?
- ¿Sabes la diferencia entre las cosas que sientes? Por ejemplo, ¿cuando te da rabia sientes lo mismo que cuando te da miedo? ¿De qué manera son parecidos tus sentimientos? ¿De qué manera son diferentes?
- ¿Qué palabras utilizarías para nombrar tus sentimientos?

Refuerce el derecho de los niños a tener y expresar sus sentimientos. Reconozca y valide sus ideas, problemas, miedos y preocupaciones.

....

Enseñar sobre la seguridad del cuerpo y sus secretos

Cuando se les enseña a los niños sobre su cuerpo y sus sentimientos, es importante hablarles sobre mantener su cuerpo protegido. Tambien es importante hablar sobre secretos. Es necesario que los niños sepan la diferencia entre una sorpresa (como una fiesta de cumpleaños) y un secreto que se siente mal (como cuando tocan a un niño de cierta forma que lo hace sentir incómodo). Advierta a los niños que *nunca* deben guardar secretos (en especial los que los hacen sentir mal) y que pueden hablar de todo lo que quieran con una persona adulta en quien confían, aún cuando alguien (incluyendo otra persona adulta) les haya dicho que se meterán en problemas o que les puede suceder algo muy malo si cuentan lo que les pasa.

Si un niño le revela algo a usted, o si sospecha que el niño ha sido abusado, siga los protocolos establecidos de su escuela y distrito de inmediato si trabaja en una escuela. También puede contactar al departamento de servicios sociales de su localidad o al departamento de bienestar infantil, u obtener información en el departamento de policía local o en la oficina del fiscal del distrito sobre qué hacer y cómo denunciar el abuso infantil. *Nunca* intente entrevistar a un niño usted mismo. En su lugar, déjelo a los profesionales que han sido especialmente entrenados para tratar estos casos delicados.

Estatuas vivientes

Comience pidiendo a los niños que piensen en las veces en que se sintieron nerviosos, asustados o preocupados. Invítelos a que compartan algunas de esas experiencias si se sienten cómodos al hacerlo. Luego pídales que finjan ser estatuas y que posen de manera que demuestren cómo se sienten cuando tienen miedo o ansiedad. Mientras los niños posan, pregúnteles cosas como:

◎ ¿Cuándo se siente asustada o nerviosa tu estatua?

◎ ¿Cómo hace tu estatua para mostrar que siente miedo?

◎ ¿En que parte del cuerpo siente miedo tu estatua o se siente preocupada?

◎ ¿Qué es lo que tu estatua podría hacer para sentirse mejor?

Después que todos han tenido la oportunidad de posar y hablar sobre lo que sienten, pídales que cambien la pose de estatua por una que los haga sentir valientes y poderosos. Continúe haciendo preguntas sobre esta pose diferente y cómo se sienten. Por ejemplo:

◎ ¿Cómo te sientes cuando te paras en esta pose?

◎ ¿De qué manera tu cuerpo te podría ayudar a sentirte fuerte y confiado?

◎ ¿Cuándo te sientes valiente? ¿De qué maneras te podrías sentir valiente aún cuando sientas nervios por algo?

Pedir ayuda

Enfatice a los niños que es una buena idea pedir ayuda cuando la necesitan y que los adultos pueden ayudarles a enfrentar situaciones y sentimientos desafiantes. Pídales que piensen en adultos a los que podrían solicitar ayuda, como los maestros, padres, abuelos, otros miembros de la familia o consejeros (ya sea en la escuela o en otro lugar).

¿Quién puede ayudar?

Después de hablar con los niños sobre pedir ayuda cuando la necesiten, desarrolle esta idea a través de un juego de roles. Presente ejemplos de problemas que las personas puedan tener y con los que necesiten ayuda e invítelos a agregar sus propias ideas. Los ejemplos podrían incluir:

◎ Geoffrey tiene dificultades al armar un rompecabezas.

◎ Mei Lin y su amiga no se pueden poner de acuerdo sobre quién jugará primero con los bloques de construcción.

- Wallace quiere mirar uno de sus libros favoritos, pero no puede alcanzarlo porque está en un estante muy alto.

- Maria tiene dolor de estómago.

A continuación, invite a los niños a intercambiar ideas y hacer representaciones para pedir ayuda en estos casos. Hable sobre cómo pueden practicar pidiendo ayuda y usar estas ideas siempre y cuando surjan situaciones similares en sus propias vidas. Si lo desea, en lugar de utilizar juegos de roles directos, los niños pueden usar muñecas, títeres o figuras de acción para representar las situaciones.

Escucha a tu cuerpo y a tus sentimientos

Dele a cada niño una copia en blanco del contorno de un cuerpo o haga que cada niño se acueste en una hoja de papel grande para que usted pueda trazar su contorno. Dígales que pueden dibujar en los contornos de sus cuerpos para mostrar dónde sienten emociones en sus cuerpos. Pídales que usen diferentes colores para identificar los sentimientos (como tristeza, enojo, felicidad, amor o miedo). También pueden dibujar imágenes que representen sus sentimientos o pueden crear áreas de color, garabatos o trazar dibujos.

Pregunte cosas como:

- Cuando te sientes con rabia, ¿dónde la sientes en tu cuerpo?

- ¿Qué le sucede a tu cuerpo cuando te sientes triste?

- ¿Qué color muestra tu estómago cuando estás preocupado?

Aprendiendo de los errores

Es útil que los niños sepan y comprendan que el aprendizaje puede ser adquirido de muchas formas y que no solo ocurre en la escuela. Todos podemos aprender día tras día durante cada momento de nuestras vidas. Hábleles sobre el aprendizaje que puede surgir al "cometer errores". Ayúdelos a reconocer que todas las personas cometen errores, sin importar quiénes son, qué edad tienen o si son inteligentes. Hábleles sobre el hecho de que algunos de los aprendizajes más importantes que recibimos provienen de los errores que cometemos. Pídales que le cuenten algunos de esos errores. Pregúnteles cosas como:

- ¿Cómo te sentiste cuando pasó eso?

- ¿Qué aprendiste al final?

- ¿Qué harías diferente la próxima vez?

Asegúrese de enfatizar la naturaleza positiva de la experiencia de aprendizaje en lugar de enfocarse en el error. Resalte el valor de este aprendizaje diciendo cosas como:

- De veras aprendiste mucho de esa experiencia.

- ¡Es muy bueno que aprendiste eso!

- Eso es algo muy importante de aprender.

Hablando del amor

Ayude a los niños a identificar algunas de las cosas que pueden ayudarlos a sentirse que los quieren. Haga preguntas como estas:

- ¿Qué sientes cuando te quieren?

- ¿Cómo sabes cuando te quieren?

- ¿Te quieres a ti mismo? ¿Cómo lo sabes?

- ¿Qué haces para demostrar que te quieres a ti mismo?

- ¿Cómo haces para demostrar que quieres a otras personas?

Pidale a los niños que compartan ejemplos de cosas muy importantes en sus vidas.

Listas sobre sentimientos y el cuidado personal

Utilice las siguientes listas como punto de partida para las conversaciones sobre los sentimientos, la autoestima y cómo los niños pueden cuidarse a sí mismos y tener en cuenta sus necesidades. Lea cada lista en voz alta. También puede presentar imágenes que representen los elementos de las listas para facilitar su entendimiento a los niños más pequeños. Encontrará sugerencias para actividades adicionales después de cada lista.

15 maneras de decir no

- "NO".
- "Basta".
- "No me gusta eso".
- "Me siento incómodo".
- "No, gracias".
- "No quiero jugar así".
- "Eso me hiere los sentimientos".
- "No quiero".
- "¡De ninguna manera!"
- "Lo digo en serio".
- "Eso me da rabia".
- "No me gusta de esa forma".
- "Voy a hacer otra cosa ahora mismo".
- "De veras no quiero hacer eso".
- "Eso no me hace sentir bien".

Muéstrele a los niños ejemplos de situaciones donde ellos necesiten expresar estas afirmaciones u otras similares. Ayúdelos a identificar las palabras que podrían utilizar de acuerdo a cada situación. Por ejemplo:

- Abby y Juanita están jugando con una pelota. Abby coje la pelota y empieza a tirársela a Juanita. ¿Qué podría decir Juanita al respecto?

- Si Josef y Lucinda están dibujanto juntos y Lucinda le dice a Josef que sus ideas son tontas, ¿cómo podría responder Josef?

- Jessica está tratando de convencer a Antoine de hacer algo peligroso. ¿Qué podría decirle Antoine a Jessica?

- Caleb y Peter están jugando juntos en el patio de recreo. Caleb ve a una niña que no conoce y le dice a Peter que deberían ir a burlarse de ella. ¿Qué puede decir Peter?

10 maneras de decir sí

- "Sí, por favor".
- "Eso me parece divertido".
- "Eso me gustaría".
- "¡Bueno!"
- "Estoy feliz por eso".
- "Es una muy buena idea".
- "¡Claro, por favor!"
- "¡Increíble!"
- Con una sonrisa y asentir la cabeza.
- Con los pulgares hacia arriba.

Hable con los niños sobre los instantes cuando pueden decir *sí* y pueden utilizar las afirmaciones de la lista. Pídales que expliquen cúando y por qué pueden decir *sí*. ¿Cuáles son los momentos cuando no podrían estar seguros de decir *sí* o *no*? ¿Cómo pueden decidir si algo les parece bien?

Como parte de la conversación, muéstreles a los niños variedad de fotos e imágenes de revistas u otras fuentes. (Los niños más grandes podrían decidir recortar las imágenes ellos mismos). Explíqueles que pueden escoger fotos que muestren cosas que les gusten (cosas a las que podrían decir *sí*). Déle a cada uno papel y pegamento y ayúdelos a formar collages con las fotos. También pueden dibujar sus propias imágenes sobre los collages. Si usted lo prefiere, podría realizar esta actividad en grupo para que todos contribuyan a crear un collage grande.

15 maneras de cuidarse a sí mismo

- Descansa cuando te sientas cansado.
- Llora cuando te sientas triste.
- Aprende a decir NO.
- Sé honesto con tus sentimientos y las cosas que necesites.
- Pide ayuda cuando la necesites.
- Come alimentos saludables.
- Haz ejercicio. ¡Mueve tu cuerpo!
- Habla sobre cómo te sientes con alguien a quien quieres.
- Juega con tus amigos o haz nuevos amigos.
- Pasa tiempo afuera.
- Colorea, pinta un cuadro, canta una canción o baila.
- ¡Celebra el hecho de que eres tú! Di cosas agradables sobre ti mismo.
- Haz algo agradable por alguien.
- Aprende algo nuevo.
- Juega a contar cuentos, imaginar historias u otras actividades creativas.

Hable con los niños sobre las maneras como se pueden cuidar a sí mismos. Ofrézcales papel, crayones o lápices de colores y pídales que se dibujen a sí mismos haciendo algo para cuidarse. Pídales que compartan sus imágenes con el grupo y que hablen sobre lo que dibujaron y por qué.

15 maneras saludables para lidiar con la tristeza

- Llora.
- Habla sobre tu tristeza con alguien en quien confías.
- Si necesitas algo, pídelo.
- Envuélvete en una cobija.
- Escucha música.
- Traza un dibujo.
- Mira una película o un show divertido.
- Lee tu libro preferido.
- Juega con tus amigos.
- Recuerda que es normal sentirse triste a veces.
- Permanece en silencio por un rato.
- Respira profundo.
- Camina un rato.
- Pide que te abracen.
- Acaricia a una mascota.

Hable con los niños sobre los momentos cuando se sienten tristes. Déjelos que escojan soluciones de la lista (o sugiera otras ideas) y muéstreles cómo las ideas los van a ayudar a superar la tristeza. Pídales que piensen en detalle sobre las ideas. Por ejemplo, "¿Cuál es la película o el show de TV que siempre te hace reír?" o, "¿Con cuáles amigos puedes jugar cuando te sientes triste? ¿Cómo te pueden ayudar a sentirte mejor?" o, "¿Quíen te gustaría que te abrazara cuando te sientes triste?"

About the Author

Lauren Murphy Payne, MSW, LCSW, is a psychotherapist in private practice with 30 years of experience. She specializes in the treatment of adult survivors of childhood sexual abuse, relationship issues, anxiety, depression, and eating disorders. Lauren has been a speaker at local, regional, and national conferences. She is the author and presenter of two video series: *Making Anger Work for You* and *Anger as a Fear Driven Emotion*. She is the mother of two adult children and lives in Wisconsin with her husband.

Sobre la autora

Lauren Murphy Payne, MSW, LCSW, es psicoterapeuta independiente con 30 años de experiencia. Se especializa en el tratamiento de adultos que han sobrevivido al abuso sexual, en problemas de relaciones de pareja, ansiedad, depresión, y desórdenes alimenticios. Lauren ha llevado a cabo charlas en conferencias a nivel local, regional y nacional. Es autora y presentadora de dos series de videos: *Making Anger Work for You* y *Anger as a Fear Driven Emotion*. Tiene dos hijos adultos y vive con su esposo en Wisconsin.

About the Illustrator

Melissa Iwai received her BFA in illustration from Art Center College of Design in Pasadena, California. She lives in Brooklyn, New York, and has illustrated many picture books, which can be seen at www.melissaiwai.com.

Sobre la ilustradora

Melissa Iwai recibió su licenciatura en bellas artes (BFA) en diseño por el *Art Center College of Design* en Pasadena, California. Vive en Brooklyn, New York, y ha ilustrado muchos libros que pueden ser vistos en la página www.melissaiwai.com

Look for more bilingual books at freespirit.com.

Busque libros más bilingües en freespirit.com.